Gerd Kokles

SPREEWALD

Fotografen:
Ulf Böttcher · Rudolf Kampmann · Klaus König
Henrik Pohl · Roger Rössing · Sigrid Schütze-Rodemann

D1673635

GREIFENVERLAG

Ein einzigartiges Flußlabyrinth

■

Überall dort, wo etwas Einzigartiges oder besonders Schönes entstanden ist, gibt es zumeist auch eine reiche Sagenwelt, die das Entstandene auf ihre eigene Weise erklärt. Nicht anders verhält es sich beim Spreewald – dem einzigartigen Flußlabyrinth. So gibt es hier verschiedene Versionen einer alten Sage, die die Entstehung des Spreewaldes dem Teufel zuschreibt. Beim Anlegen des Flußbetts der Spree soll er nach den ersten ein-

hundert Kilometern, kurz hinter Cottbus, eine Rast eingelegt haben. Die Fortsetzung eines seiner wenigen guten Werke mißlang ihm jedoch, da sein Ochsengespann zu weiterer schwerer Arbeit noch nicht genügend ausgeruht war. Seine Versuche, die Tiere dennoch dazu zu bewegen, führten dann zu dem folgenschweren (Un)Glück. Der Fluch „Euch soll meine Großmutter holen" – eine andere Variante spricht davon, daß Luzifer mit

Urwüchsigkeit im Spreewald

dem Schlegel nach den Ochsen warf – verschreckte diese Wesen derart, daß sie ihm durchgingen und mit dem Pflug einen Wirrwarr von Gräben in die Erde rissen. Für das nachfolgende Spreewasser war es ein leichtes, sich hier zu verteilen und im Zusammenspiel mit Pflanzen und Tieren ein Naturparadies zu formen.

Nun paßt es allerdings nicht zusammen, die Entstehung eines Paradieses in Verbindung mit dem Teufel zu bringen. Geht man dieser Frage mit gebotener Sachlichkeit nach, könnte man Bände von Büchern schreiben, die die Entstehungsgeschichte des Spreewaldes bis ins Detail erhellen. In wenigen Sätzen die Entwicklung dieser einzigartigen Landschaft Mitteleuropas zu erklären, birgt die Gefahr der Unvollständigkeit und Vereinfachung. Im Angesicht dieser Gefahr soll trotzdem ein Versuch unternommen werden.

Die Schönheit und Vielfalt

der Pflanzenwelt ist unübersehbar.

Überall „Spreewasser" – das typische Landschaftselement

Gegen Ende der letzten Eiszeit bahnte sich die Spree ihren Weg durch ein Gebiet nördlich von Cottbus, wobei nur ein geringer Höhenunterschied von ca. 7 Metern über eine Entfernung von 34 Kilometern zu überwinden war. Die Folge drückte sich in einer Verlangsamung der Fließgeschwindigkeit aus, und damit kam es zum Absinken von feinen Schwemmsanden, die der Fluß bis dahin ohne Mühe mittransportierte. In Tausenden von Jahren bildete sich auf diese Weise ein riesiger Schwemmsandfächer, der sich bis in das Gebiet der heutigen Spreewaldortschaft Burg erstreckte.

Die letzte Entstehungsetappe des Spreewaldes wurde am Ende der Eiszeit durch den Kampf der Elemente Spreewasser gegen Wind und Sand eingeleitet. Der kalte Nordwind brachte Unmengen von feinem Sandmaterial heran, die bald als mächtige Dünenfelder der Spree im Wege lagen und den nordwestlichen Abfluß über das Baruther Urstromtal abriegelten. Die Spree, die damit in diesem Kampf unterlag, sah sich nach anderen Ausweichmöglichkeiten um und entdeckte schließlich einen nordöstlichen Weg über den Schwielochsee zum Berliner Urstromtal. Das Problem bestand anfangs jedoch darin, ein etwas höher liegendes Gebiet zu überwinden und in dieses ein neues Flußbett einzuschneiden. Hierfür hatte, anders gesagt, das Ochsengespann des Teufels leider keine Vorarbeiten geleistet. Die Spree mußte sich also selbst helfen, und das lief ungefähr folgendermaßen ab: Vor der Barriere kam es über längere Zeit zum Rückstau des Spreewassers. Unter derartigen Bedingungen verringerte sich die Fließgeschwindigkeit nochmals, und das Gebiet zwischen Cottbus und Leibsch stand im wahrsten Sinne des Wortes unter Wasser bzw. ähnelte einer riesigen Sumpflandschaft. Erneut kam es hier zur Ablagerung von Transportfracht, insbesondere feinen Sanden. Nachdem im

Eindrücke des noch „unberührten" Spreewaldes

Naturlehrpfad bei Schlepzig

Norden durch das höher liegende Gebiet all-mählich ein Durchbruchstal nach Osten zum Schwielochsee durch die Kraft des Wassers geschaffen war und dadurch das Abfließen der Spree mit größerem Tempo als zuvor erfolgen konnte, tauchten langsam die Kontu-ren der heutigen Spreewaldlandschaft aus den Wasserfluten auf. Durchzogen von einer schwer bestimmbaren Vielzahl von kleineren und größeren Flußarmen entstand eine urwüchsige Aufschüttungsebene, ideal für eine Wasser- und Sumpfvegetation, die nicht lange darauf wartete, sich hier breit zu machen. Sehr günstige Lebensbedingungen fanden vor allem Erlenbruchwälder, aber auch Erlen-Eschenwälder und in den schon mehr trockenen Randbereichen Eichen und Buchen. Diese Flora hat sich, unbekümmert vom menschlichen Veränderungsstreben, noch im Unterspreewald bei Schlepzig erhal-ten. So ist das Naturschutzgebiet Buchenhain, westlich des Spreewaldortes gelegen, nicht

Oft anzutreffen – Meister Adebar

Blühende Spreewaldwiese

nur Lebensraum für Erlen und Eschen, sondern auch für seltene Tiere, wie Fischotter, Eisvogel oder Fischreiher. Mit Hilfe eines Naturlehrpfads wird es dem Besucher des Naturschutzgebietes ermöglicht, den Zauber eines Naturparadieses kennenzulernen. Es versteht sich von selbst, daß nicht jeder Fleck des wertvollen Biotops in Augenschein genommen und der ausgewiesene Weg nicht verlassen werden darf. Einzig die hier arbeitenden Wissenschaftler dringen hin und wieder in die schwer zugänglichen Bereiche vor, um wichtige Erkenntnisse über die Lebensprozesse der hier vertretenen Arten zu erzielen, die sie dann in praktische Maßnahmen zur Erhaltung der Flora und Fauna umsetzen.

Eine weniger günstig erschlossene und nicht minder wertvolle Region, mit einer ebenfalls typischen Pflanzen- und Tierwelt breitet sich zwischen Alt Zauche und Burg aus. In dem als Hochwald bezeichneten und im Oberspreewald gelegenen Areal bietet

Naturschutzgebiet Schützenhaus

Ideale Lebensräume auch für kleinere Tiere

sich dem Betrachter ein Bild des Urzustands – Sümpfe und Moore, Erlen und Moorbirken, Moospolster und Sumpfpflanzengesellschaften, in denen hin und wieder die gelb leuchtenden Blüten der Sumpfschwertlilie auftauchen. Links und rechts eines gekennzeichneten Wanderweges ab dem Gasthaus Eiche am Südrand des Hochwaldes in Burg, entlang der Mühlspree und des Nordfließes, vorbei an der Kannomühle nach Straupitz, lassen sich in dieser Hinsicht schöne Blicke auf jene eindrucks- und geheimnisvolle Welt genießen.

Ein besonders charakteristischer Teil des Hochwaldes befindet sich an dessen Nordwestrand – das Naturschutzgebiet „Schützenhaus", benannt nach einer alten Försterei. In diesem Lebensraum fühlen sich bestandsbedrohte Arten wie der Schwarzstorch und der Kranich wohl, nicht zuletzt wegen der benachbarten Wiesen, die für sie ein üppiges Nahrungsangebot bereithalten.

Wiesenlandschaft im Spreewald

Gemüseanbau auf einem Horstacker

Wanderweg zwischen Lehde und Leipe

Parkähnliche Landschaft

Mit den erwähnten Wiesen wäre ein weiteres Merkmal der Spreewaldlandschaft genannt. Durch den Eingriff des Menschen in die Natur, vor allen Dingen durch Entwässerungsarbeiten, ist ein bedeutender Teil der Niederungslandschaft als Wiesen- oder Ackerfläche in Nutzung. Jahrhunderte lange Erfahrungen der ansässigen Bauern führten zur ackerbaulichen Nutzung von höherliegenden Flächen. Es entstanden durch das Aufschütten von Erdmaterial, das beim Entschlammen und Vertiefen der langsam fließenden Spreearme gewonnen wird, sogenannte Horstäcker. Diese bieten ideale Wachstumsbedingungen für die berühmten Spreewälder Gurken oder den nicht minder bekannten Meerrettich. Der nördliche Teil

des Oberspreewaldes befindet sich besonders als Weidefläche in Bewirtschaftung. Andernorts wurden die Wiesen aufgegeben und die Natur übernahm wieder die Regie – zu Gräsern und Wiesenblumen gesellten sich nach und nach Büsche und Bäume, so daß oftmals der Blick auf eine parkähnliche Landschaft fällt. Dort, wo die Wiesen weiterhin dominieren, wird das Auge nicht nur durch das Nebeneinander von grünsaftigen Flächen und Spreefließen erfreut. Ab Ende Mai, wenn die Mahd der Wiesen beginnt, kommt ein weiteres typisches Spreewaldmerkmal hinzu – kunstvoll errichtete Heuschober, in denen die getrockneten Halme und Blätter auf ihren Abtransport zu den Bauerngehöften warten.

Reizvolle Landschaft zu jeder Tageszeit

pisch für den Spreewald – kunstvoll errichtete Heuschober

Bevor es aber zur Mahd kommt, lohnt eine genauere Betrachtung der vielen und oftmals seltenen Arten von Wiesenpflanzen. Eine günstige Gelegenheit hierfür bieten die „Spreewaldwiesen Leipe", die sich als Naturschutzgebiet zwischen den Ortschaften Leipe und Burg ausdehnen. Hier ist nicht nur die in Ostdeutschland einmalige Sommerknotenblume, die von den Einheimischen auch gerne „großes Schneeglöckchen" genannt wird, zu Hause. Mit etwas Geduld und Ausdauer läßt sich in Wassernähe die kleinste Blütenpflanze der Erde, die Zwergwasserlinse, finden. Aber nicht nur seltene Pflanzen sind hier beheimatet. Fischotter, Wiedehopf und Schlagschwirl finden in den Spreewaldwiesen ebenfalls ideale Lebensbedingungen.

Eine gänzlich andere Zusammensetzung von Pflanzen weisen die Überschwemmungswiesen auf. In diesen nicht durch Deiche vor Hochwasser geschützten Spreewaldbiotopen gedeihen unter anderem die Sumpfdotterblumen, Kuckuckslichtnelken, der Klappertopf und der Blutweiderich, der im Sommer durch seine rötliche Farbe auffällt. Die Überschwemmungswiesen können wegen ihres sumpfigen Bodens kaum bewirtschaftet werden. Ein Betreten ist meist nur im Winter bei Frostgraden möglich, wenn eine Eisschicht den Untergrund gehärtet hat. Viele weitere Besonderheiten kann der Besucher selbst entdecken. Begeben wir uns in die einzigartige Landschaft des Spreewaldes, die zu jeder Jahreszeit ihre Schönheiten besitzt.

Reizvolle Landschaft zu jeder Jahreszeit

Bild nächste Seite:
Charakteristisches Spreewaldgehöft

„Spezielles"
aus und über den Spreewald

Ein Spruch aus dem Spreewald verrät, daß nicht nur die Gurken und der Meerrettich besondere Kräfte besitzen:

Was macht den Spreewälder stark?
Kneedeln, Leinell und Quark.
Was schmeckt am zur Sunntagsruh?
Kaffee und Plinze dazu.
Was werd er immer lieben?
Gritzwursch und große Grieben.
Was gibt am Mut und Zorn?
Alter Cottbuser Korn.
Was klärt den Kopp bei Mann und Frau?
Saure Gurken aus Lübbenau.
Was bringt die Lausitz uns noch auf den Tisch?
Baumkuchen, Spargel, Meerrettich und Fisch.

Die Zeilen verraten etwas über die Eß- und Trinkgewohnheiten der hier lebenden Be-

Romantische Gehöfte zwischen Spreearmen und Fließen

Spreewälderinnen in Tracht

wohner, der Sorben/Wenden. Zugleich zeigen sie auch etwas von der Lebensart der Spreewaldbevölkerung, die es mit der Natur nicht immer leicht hatte. Zu Hause im Gebiet des Spreewalds sind die Sorben/Wenden seit etwa dem 7./8. Jahrhundert nach Christus. Früheste, heute noch sichtbare Zeugnisse ihrer Anwesenheit sind der slawische Burgwall in Lübben und der Schloßberg in Burg, auf dem sich seit 1917 der Bismarckturm erhebt. Bei Grabungen auf dem Schloßberg zeigte sich allerdings auch, daß hier zuvor bereits Menschen der Stein- und Bronzezeit gelebt hatten.

Zu Beginn des 11. Jahrhunderts wurde der größte Teil des Spreewalds deutscher Besitz und die hier lebende Bevölkerung tributpflichtig. Im Jahre 1328 tauchte zum ersten Mal in einer Urkunde der Name „Spreewald" auf. Erste Schritte zur Besiedlung des schwer zugänglichen Teils, gekennzeichnet durch Fließe, Sümpfe und Moore, erfolgten etwa 100 Jahre später mit ersten Rodungen auf den kleinen Talsandinseln, den Kaupern. Durch herantransportiertes Erdmaterial konnten diese Inseln weiter erhöht werden, so daß eine größere Sicherheit gegen das launische Spreehochwasser gegeben war.

Kahnfährmann

Zur Vorsaison im Spreewald

Der Landesausbau erreichte im 17. und 18. Jahrhundert vorerst seinen Höhepunkt. Der preußische König Friedrich II., vor ihm bereits in ersten Anfängen auch sein Vater Friedrich Wilhelm I., förderten die flächenmäßige Erweiterung von Burg durch die Ansiedlung von Kolonisten. Das sächsische Königshaus, das zu diesem Zeitpunkt einige Gebiete des Spreewalds sein Eigen nannte, stand diesen Bemühungen nicht nach und holte Bauern und Handwerker in die Ämter Lübben und Neuzauche sowie in die Herr-

Zweisprachigkeit war nicht immer selbstverständlich

Spreewaldbewohnerin in Tracht

schaft Neustraupitz. War in diesem Gebiet das friedliche Nebeneinander von Deutschen und slawischer Bevölkerung schon immer nicht leicht, so kam die größte Existenzgefahr für die Spreewaldsorben/Wenden, wie für die Sorben in der Lausitz überhaupt, mit der nationalsozialistischen Herrschaft. Am 26. April 1937 wurden auf einer Konferenz des Reichsinnenministeriums über die „Wendenfrage" Richtlinien für die Zurückdrängung der sorbischen Kultur und Lebensweise erarbeitet. Es gipfelte in dem Vorhaben von Himmler, alle Sorben/Wenden entweder auf der Halbinsel Krim oder im Lothringischen Industriegebiet anzusiedeln. Kein Wunder, daß nach dem Ende des zweiten Weltkrieges der Willen zur Aufnahme in das tschechoslowakische Staatsgebiet unter den Sorben/Wenden vorhanden war.

Eine Zukunft unter den Deutschen bot scheinbar die neu beginnende Zeit nach 1945 dennoch. Gesetze schrieben die Anerkennung der Sorben/Wenden als nationale Minderheit fest. Es wurde zur Gewohnheit, daß deutsche und sorbische Schriftzeichen gemeinsam auf Papier, in Büchern oder auf öffentlichen Hinweistafeln erscheinen. Doch was nützen Gesetzestexte, wenn sich gierige Schaufelrad- und Eimerkettenbagger in den Braunkohlentagebauen immer mehr dem Spreewald nähern, sich die Menschen aus den leergeräumten und schließlich plattgewalzten Dörfern in den Städten wie Lübben und Vetschau niederlassen und auf ein völlig neues Lebensgefühl einstellen müssen, wenn sich die Umweltbedingungen durch riesige Braunkohlenkraftwerke derart verschlechtern, daß im Spreewald durch die Kühlwasser der Kraftwerke die Fließe im Winter nicht mehr so oft zufrieren, die Pflanzen- und Tierwelt unter extremen Anpassungszwang und damit ein Teil der natürlichen Lebensgrundlagen der Spreewälder ins Wanken gerät.

Bild nächste Seite:
Haus eines Schützenkönigs mit „Trefferscheibe"

Maler Reinhold Grüning bei der Arbeit

Die Unverzagtheit der Spreewälder blieb dennoch ungebrochen. Der Spreewald ist ein Naturparadies, zu dem es nur diese Menschen geben kann, und eine Landschaft, die diese Menschen formt. Bereits Fontane charakterisierte mit seinem aufmerksamen Blick verschiedene „Spreewaldtypen" im vierten Band seiner Wanderungen durch die Mark Brandenburg – den Lübbenauer Kantor Christian August Klingstein, den Nachtwächter Christian Birkig, die Wirtin des „Eiche Gasthofes", Schenker, und den Kätner Post und dessen Freude über seinen munteren Nachwuchs.

Gibt es jene von Fontane beschriebenen Spreewälder eigentlich heute noch? Diese Frage kann mit einem eindeutigen „Ja" beantwortet werden, und man muß sie auch nicht lange suchen, um sie zu finden. Häufig ist es schon der Fährmann oder die Fährfrau, die den Besucher im Spreewaldkahn durch die Fließe staken und in ihrer Art viel von sich und ihrem Leben in dem Venedig Deutschlands zu erzählen wissen. Aber es gibt auch diejenigen, die die Liebe zu ihrer Heimat auf andere Weise zum Ausdruck bringen, wie Paul Piesker aus Lübbenau, geboren 1924 in Lehde. Er vermag nicht nur, den Spreewald aus der heutigen Zeit zu malen, sondern ebenso Erinnerungen an Dinge aus der Vergangenheit einzufügen. Bei Touristen besonders beliebt sind auch die Bilder des Malers Reinhold Grüning aus Cottbus, die die Einzigartigkeit der Spreewaldlandschaft darstellen.

Fontane hätte aus unserem Jahrhundert ohne Zögern den ehemaligen Wirt der Dubkomühle in Burg, August Konzack, zu literarischen Ehren kommen lassen. Von 1923 bis 1974 zauberte jener in der einstigen Wassermühle kulinarische Speisen der Extraklasse. Als einzigartig und unerreicht galt besonders das Gericht „Hecht und Spreewaldsoße". Das Rezept für die goldgelbe Soße war so begehrt, daß ihm einmal sogar ein Berufskollege ein Bündel Geldscheine von nicht unbedeutender Größe für die Offenlegung des Geheimnisses angeboten haben soll. Der einzige Kommentar des rüstigen Rentners darauf: „Da soll ich mir woll freien?".

Ohne Mühe kann dagegen jedermann Einblick nehmen in das häusliche Leben der Spreewälder, so wie es vor noch nicht

allzu langer Zeit aussah. Gelegenheit hierfür bietet das Freilandmuseum Lehde, in dem bis zu 200 Jahre alte Originalbauten besichtigt werden können. Neben einem Gehöft aus Lehde mit Wohnstallhaus, in dem Mensch und Tier zusammenlebten, Schweinestall und Backhaus, verdeutlichen Gebäude aus Burg und aus dem Randgebiet des Spreewalds die traditionelle Bauweise in diesem Teil der Niederlausitz. Auffallend ist die Giebelkrönung der Häuser, zwei über Kreuz gelegte und aus Holz nachgebildete Schlangenköpfe, die jeweils mit einer Krone versehen sind. Nach einem alten Glauben sollten diese Schlangenkönige ihre Artgenossen von den Häusern fernhalten. Schließlich wurde das Problem jedoch auf eine andere Weise gelöst, so jedenfalls erzählt es eine alte Sage. Ein fremder Mann bot sich an, alle Schlangen auf einmal zu vertreiben. Seine Vorgehensweise erinnert etwas an die des Rattenfängers von Hameln. Er ließ eine riesige Grube ausheben und legte ein Brett darüber. Mitten auf diesem Brett stehend, begann er dann auf seiner Flöte eine zauberhafte Melodie zu spielen, hielt jedoch zwischendurch inne, um sich nach allen Himmelsrichtungen dreimal zu verneigen. Mit großem Getöse drängten daraufhin alle Spreewaldschlangen, angeführt durch ihre Könige, zur Grube, die nun ihr Grab wurde.

Das Schicksal wollte es, daß einige der Reptilien den Mann mit in die Grube rissen und er sterben mußte. Für diesen Fall, so hatte er vorher bestimmt, sollten die Bewohner ohne Zögern die Grube mit Erde zuschütten. Und so geschah es. Damit war das Wunder der Schlangenvernichtung vollbracht und vielleicht eine Erklärung dafür gefunden, was aus dem Rattenfänger von Hameln geworden ist.

Praktische Warmwasserbereiter als Teil des Kachelofens

Aber zurück zu Lehde und dem Freiland-museum. Im Innern der Gebäude lassen sich solche Kuriositäten bestaunen, wie die in einem Kachelofen eingebaute „Wasserblase", ein eiserner Behälter, in dem während der Heizperiode ständig warmes Wasser zur Ver-fügung stand.

Wie groß ein Bett sein muß, in dem eine ganze Familie Platz gefunden hat – darüber kann sich der Besucher ebenfalls ein Bild machen. Frisch vermählte Eheleute konnten diesem Bett allerdings für vier Wochen ent-fliehen und ihre Flitterzeit im Heu genießen.

Doch wie ist das Leben der Spreewaldbe-wohner außerhalb konservierter Räume und Gegenstände eingerichtet? Vieles ist an den Traditionen und Bräuchen erkennbar, denen heute noch eine große Aufmerksamkeit zukommt. Sichtbarster Ausdruck sind die Trachten, die nicht nur für die Fotokameras und Camcorder der Touristen angezogen wer-den. Einer, der das genau weiß, ist der durch

Familienbett aus alten Zeiten

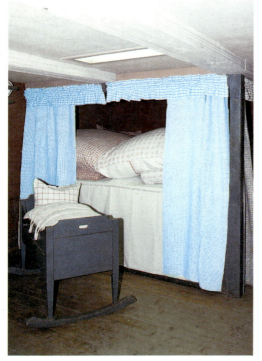

In der guten Stube

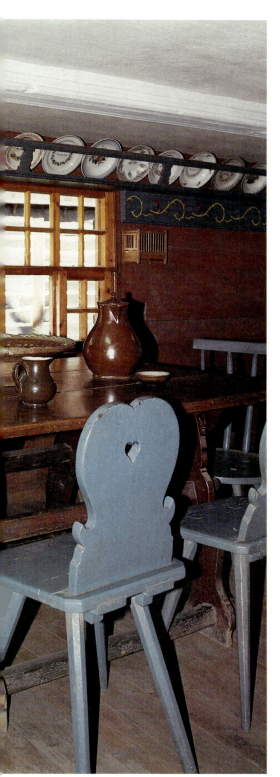

Sonntagsausgehtracht

Brauttracht aus Burg

alljährliche Wettkämpfe ermittelte Schützenkönig, dem die Frauen, gekleidet in bis zu sechs Kilogramm schwere Gewänder, ihre Aufwartung machen. Dafür und für die vielen Küsse, die der Held des Tages in Empfang nehmen darf, kann die Familie des Schützenkönigs anschließend kräftig auftischen.

Bevor es dazu kommt, begibt sich der Kahntroß auf den Spreewaldfließen zum Haus des Schützenkönigs und der vorbeikommende Besucher hat hier wie auch bei anderen Gelegenheiten die Möglichkeit, die wunderschönen Trachten zu bewundern. Doch man kann nur erahnen, wieviel Arbeit sowohl zum Anfertigen als auch zum Anziehen einer Tracht vonnöten ist. Besonders für die Festtracht mit farbenfrohen Stickereien, Röcken, Schürzen, Halstüchern und Bändern muß bei der Anfertigung großer Fleiß investiert werden. Das Anlegen der Tracht unterstützt oftmals eine Anziehfrau und beim Stecken oder Binden der „Lapa", der Haube, geht ohne fremde Hilfe meist überhaupt nichts mehr.

Hausarbeitsgeräte

Altes Spinnrad

Jedes Dorf hat mit der Zeit eigene Trachtenvariationen hervorgebracht, so daß es eine einheitliche sorbische bzw. wendische Tracht nicht gibt. Für die gesamte Niederlausitz, zu der der Spreewald gehört, kann sogar von etwa 4 000 verschiedenen Festtagstrachten ausgegangen werden. Hinzu kommen noch die einfacheren für den Alltag und die Sonntagstracht.

Ein weiterer traditioneller Wettkampf wird zum Ende der Erntezeit ausgetragen. Bei diesem Wettstreit handelt es sich um das bekannte Hahnrupfen. Junge Männer versuchen reitend, einem an den Füßen aufgehängten toten Hahn die Flügel oder den Kopf abzureißen. Früher verband sich mit diesem Brauch der Glaube, den Wachstumsgeist zwischen Ernte und folgendem Frühjahr zur Ruhe bringen zu können.

Eine andere Tradition, bei der es besinnlicher zuging, spielte sich alljährlich zwischen dem 11. Oktober und Aschermittwoch ab. Junge Mädchen trafen sich in den Spinnstuben unter Regie der Spinnstubenältesten, der Kantorka, zur Spinnte, um beim Gesang den Arbeiten für ihre Trachten nachzugehen.

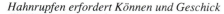

Hahnrupfen erfordert Können und Geschick

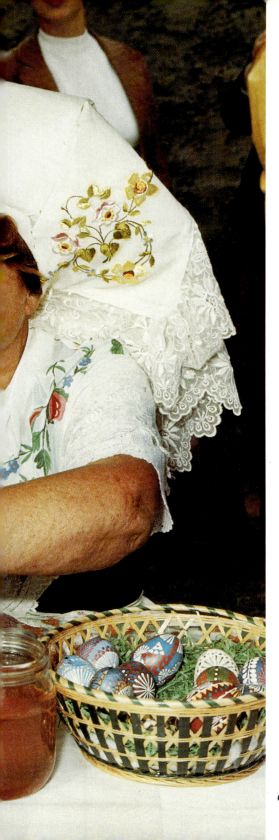

Über den Spreewald und die Lausitz hinaus bekannt sind insbesondere die Osterbräuche, vor allem die Ostermalerei. Selbst in den USA, in Texas, haben ausgewanderte Sorben/Wenden dieses Brauchtum gepflegt und weitergegeben. Im Spreewald wird meist die Wachsstatiktechnik zur Verzierung der empfindlichen Eierschale angewendet. Mit heißem Wachs werden die Muster auf das noch weiße Ei aufgetragen, anschließend erfolgt die Färbung, wobei die mit Wachs verdeckten Stellen ohne Farbe auskommen müssen. Diese Prozedur kann mit neuen Wachsmustern und anderer Farbe wiederholt werden, so daß letztendlich kleine Kunstwerke entstehen. Mit etwas Glück können die Besucher des Freilandmuseums Lehde in den Sommermonaten Ostereiermalern über die Schultern schauen.

Turbulenter geht es beim Zampern, einem alten Fastnachtsbrauch, zu. Mit originellen Kostümen verkleidete Männer ziehen von Hof zu Hof und erbitten Spenden, wobei Gutes aus der Natur wie Eier, Speck und Mehl aus der Voratskammer gern gesehen wird. Als Gegenleistung gibt es „Hochprozentiges", das über den Verlust des Erarbeiteten hinwegtrösten soll. Aber so lange währt die Trennung von dem, was Leib und Seele zusammenhält, nicht, denn es folgt ein Fest, so zum Beispiel ein Eierkuchenball im Unterspreewalddorf Leibsch, auf dem dann nach Herzenslust zugelangt werden kann.

Die Liste von Brauchtum und Sitten läßt sich noch um viele andere Ereignisse, die alljährlich stattfinden, erweitern. Zu ihnen gehören auch das Setzen des Maibaums, das auch in anderen Gegenden Deutschlands bekannt ist, ebenso wie das Maifeuer, weniger schon das Stoppelreiten und das Froschkarren.

Ostereiermalen – bekannter Brauch im Spreewald

41

Spreewälder Alltag

Die Welt, die die Touristen im Spreewald erleben, ist die eine Seite des Lebens im vermeintlichen Naturparadies. Auf der anderen stehen die Normalität und die Mühen der Arbeit sowie der alltägliche Gang der Geschichte.

Eine der wichtigen Voraussetzungen für das Leben im Spreewald ist die Beobachtung der Spreefließe, besonders während der gefährlichen Hochwasserzeiten und im Winter, wenn Eisversetzungen die Wehre attackieren. Schmerzliche Erfahrungen mit dem Hochwasser gab es in vorangegangenen Jahrhunderten genug, allein zwischen 1897 und 1933 waren es 124 an der Zahl.

Auch der umgekehrte Fall, die Niedrigwasserführung, kann ebenso gefährlich werden. Erste größere Maßnahmen zur Minderung dieser folgenschweren Naturereignisse erfolgten zu Beginn des 20. Jahrhunderts durch den Bau des Lübbener und des Spree-Dahme-Umflutkanals, so daß die zerstörerischen Hochwasser seitdem so gut wie keine Chance mehr haben. Es folgten umfangreiche Eindeichungen auf einer Länge von 230 Kilometern, 40 Schleusenanlagen und etwa 100 Wehre – letztendlich entstand ein kompliziertes System von 14 Staugürteln, die der alltäglichen Beobachtung und Pflege bedürfen.

In einer der 40 Schleusen

Das ideale „Gefährt", ob für Heu, die Post oder für Gemüse.

Heute ist alleine im Flußbereich Burg, mit 55 km^2 die größte dörfliche Siedlung Ostdeutschlands, ein gutes Dutzend Anlagenwärter unterwegs, um die Funktion der genannten Einrichtungen zu kontrollieren. Den ungehinderten Wasserabfluß zu gewährleisten, bedeutet manchmal stundenlanges Säubern der Wehre von Eisstücken oder angestautem Treibholz. Überwacht wird die Wasserführung in dem Flußbereich von Burg aus, wobei moderne Technik hilft. An wichtigen Punkten angebrachte Meßsonden geben per Funk den aktuellen Pegelstand zur Leitstelle in Burg weiter, so daß schnelle Entscheidungen in Gefahrensituationen getroffen werden können.

Ebenfalls im engen Zusammenhang mit dem Spreewasser steht das Handwerk des Spreewaldkahnbaus, das kleine Familienbetriebe pflegen. Für das wichtige Transportgefährt wird vor allem Kiefernholz verwendet. Am besten ist die Sorte, die mindestens ein Jahr an der Luft trocken lagerte. Die Seitenwände des Kahns werden jeweils aus einem Brett hergestellt und über Feuer in eine dauerhafte Form gebogen. Schließlich sind bis zu

Eine der vielen Schleusenanlagen

400 Holzschrauben nötig, um alle Teile zusammenzufügen. Eine Teerhaut, innen als auch außen, ermöglicht die nötige Wasserresistenz. Auf diese Weise entstehen bis zu neun Meter lange Kähne, die für den Transport der Menschen und aller wichtigen Güter auf den Spreefließen unersetzbar sind. Jedes Einzelgehöft hat seinen eigenen kleinen Hafen, hier auch „Gässchen" genannt, in dem mit dem Kahn angelegt und entladen wird. Zur Erntezeit sind es meist die typischen Feldfrüchte wie Gurken, die im 16. Jahrhundert von flämischen Bauern im Spreewald eingeführt wurden, Meerrettich, Zwiebeln aber auch Kürbisse, die entweder in die eigene Hauswirtschaft oder in Körben zum Markt gebracht werden. Die Körbe sind oftmals aus eigener Produktion, die vielen Weiden an den Spreefließen bilden dafür eine gute Voraussetzung, und das alte Handwerk ist noch nicht gänzlich verlernt.

Letzte Vorbereitung für die Fahrt

Ein Zuhause für Spreewaldkähne

47

Mühsame Gurkenernte

Ohne Spreewälder Gurken kein Marktgeschehen

Einfacher gehts bei der Heumahd zu

Körbeflechten – eine alte Handwerkertradition

Wenn die Spreewaldbewohner nicht auf ihren Feldern oder in nahegelegenen Braunkohlerevieren Beschäftigung finden, bieten die Städte wie Lübbenau und Lübben Arbeit durch den Tourismus, vielerlei Gewerbe und durch die Verarbeitungsindustrie für das gefragte Spreewälder Gemüse. Der Renner des letztgenannten Erwerbszweiges sind zweifelsohne die Spreewälder Gurken, die nach alten Rezepturen und immer mit frischen Gewürzen, auch unter den Bedingungen moderner Fließbänder, eingelegt werden. In Gläsern oder großen Tonnen warten die so unnachahmlich veredelten Gurken auf ihre Käufer, und die erwerben sie nicht nur in irgendwelchen Kaufregalen, sondern häufig auf Märkten in und um den Spreewald, was heißen soll, daß sie sogar im nicht allzu weit entfernten Berlin auf den vielen Wochenmärkten frisch aus dem geöffneten Faß verkauft werden.

Hauptsächlich für den eigenen Bedarf bestimmt waren in den letzten Jahrhunderten die Fische, von denen es in den Spreefließen nur so wimmelte. Nachdem man sich Ende des vorigen, Anfang unseres Jahrhunderts zu Fischereigenossenschaften zusammenschloß, begann auch eine verstärkte Vermarktung dieses Spreewälder Naturreichtums. Sie erreichten ihr bisher größtes Ausmaß durch den Bau von Fischteichen mit einer Gesamtfläche von 280 Hektar, die vor wenigen Jahren nördlich von Lübben zwischen Hartmannsdorf und Petkamsberg in Betrieb genommen wurden und besonders der Karpfenzucht dienen.

Freunde des Angelsports wird es sicherlich interessieren, daß sich am Petkamsberg eine Anglerherberge befindet, in denen präparierte Fischköpfe bewundert werden können. Im Spreewald ist es allerdings nicht notwendig, vergangenem Fischreichtum nachzutrauern und Erinnerungen an bessere Zeiten durch Konservierung von Teilen der Schuppentiere

aufrechtzuerhalten. Den Gegenbeweis trat im Sommer 1991 ein einheimischer Petrijünger aus Schlepzig an, der mit der Reuse einen kapitalen Wels mit einer Länge von 149 Zentimetern und einem Gewicht von 17 Kilogramm ans Ufer brachte.

Da die alten Fischereirechte der Einwohner auch seit der Gründung der Fischereigenossenschaften im wesentlichen bestehen blieben, ist nicht nur der genannte Fang zu vermelden. Es bereitet den Spreewaldbewohnern auch heute keine Mühe, das traditionelle Leib- und Magengericht „Fische mit Spreewaldsoße" herzurichten, da der wichtigste Teil der Zutaten vor ihrer Haustür schwimmt.

Fischtrophäen in der Anglerherberge Petkamsberge

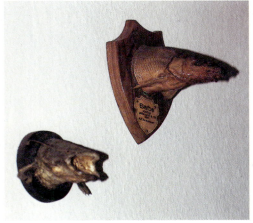

Schmackhaft: Fisch mit Spreewaldsoße

Unterwegs auf Spreearmen und Fließen

■

Für die Einwohner gehört es vom Frühjahr bis zum Herbst ebenfalls zum Alltag, für die Gäste aus Nah und Fern ist es oft noch etwas Einmaliges, meist noch Unbekanntes, für manche aber auch schon Tradition, eine Fahrt mit dem Spreewaldkahn. Der Andrang hat mittlerweile ein solches Ausmaß erreicht, daß zu den größeren Kahnfährhäfen in Lübbenau, Lübben, Burg und Schlepzig neue notwendig geworden sind und hinzukommen. So mancher muß beim Einsteigen noch die Skepsis überwinden, daß das Schwanken des Kahns mit einer Bekanntschaft des Spreewassers enden könnte. Die Routine und Herzlichkeit der Kahnfährleute hilft jedoch schnell über diesen Punkt hinweg, und schon geht es los. Der Kahnfährmann oder die Kahnfährfrau beherrschen nicht nur ihr „Gefährt" und bewegen es durch gleichmäßiges Staken vorbei an außergewöhnlichen Landschaften mit harmonisch eingefügten Gehöften dem Ziel der Fahrt zu, sie sind auch gute Unterhalter der kleinen Gemeinschaft, die sich auf dem Kahn befindet.

Hin und wieder gibt es die Möglichkeit, an kleinen Versorgungspunkten halt zu machen, wo Einheimische nicht nur Erfrischungen bereithalten, sondern auch typische Spree-

Kahnfährhafen in Lübbenau

Noch sind Plätze frei

55

Der kürzeste Weg zum Freilichtmuseum

waldprodukte anbieten. Besonders zu Beginn der Saison, wenn es noch etwas kühl in der Niederungslandschaft ist, wird der Besucher auch einem heißen Getränk bzw. einem Schluck „Hochprozentigem" nicht abgeneigt sein.

Ist der Zielpunkt erreicht, zum Beispiel der malerische Kahnfährhafen in Lehde mit dem Restaurant „Zum fröhlichen Hecht", kann die Entdeckungstour auch auf andere Art fortgesetzt werden.

Gegenüber dem Restaurant erwartet das Freilandmuseum Lehde mit den Originalgehöften aus dem Spreewald auf seine Besucher.

Als beliebter Ausflugsort gilt ebenso die Gaststätte „Wotschofska", die sich nordöstlich von Lehde im Lübbenauer Spreewald befindet. Der Name stammt aus dem Wendischen/Sorbischen und heißt soviel wie „Erleninsel".

War es früher ein Zufluchtsort für Spreewaldeinwohner; so änderte sich das 1894 mit der Errichtung des großzügig angelegten „Wotschofska"-Ausflugsdomizils. Die Wotschofska war damit auch ein erstes Zeichen dafür, daß sich die Bemühungen um die Belebung des Fremdenverkehrs, allem voran die des Lübbenauer Lehrers und Chronisten, Paul Fahlisch, lohnten und die seit 1882 angebotenen Gesellschaftsfahrten einen dauerhaften Erfolg zeigten.

Heute mag man rätseln, warum die Entdeckung des Spreewalds durch Reise- und Naturfreunde relativ spät erfolgte, lange nach der Zeit der Romantiker, die ja bekanntlich die Vorzüge des Harzes oder der Insel Rügen schon viel früher erkannt hatten. Nicht einmal Fontane vermochte es, 1859 mit seinen Artikeln über den Spreewald in der „Preußischen Zeitung" die Aufmerksamkeit zu erhöhen, erst als diese Anfang der 80er Jahre, zeitgleich mit den ersten organisierten Gesellschaftsfahrten, als vierter und letzter Band seiner „Wanderungen durch die Mark Brandenburg" erschienen, regte sich vermehrt Interesse.

Auch ein Erlebnis – Wandern im Spreewald

Ebenfalls sehr bequem – Kremserfahrt

Seit den Anfängen des Tourismus im Spreewald hat sich das Angebot für Freizeitaktivitäten ständig verbreitert. So sind es heute nicht mehr die Spreekahnfahrten allein, die zur Entdeckung der Landschaft animieren. Ebenso schön, besonders für den Ruhe Suchenden, sind die Wanderungen auf eigens angelegten Wegen. Der älteste Wanderpfad wurde 1911 geschaffen und führt von Lübbenau zur Wotschofska. 4 000 Erlen und 2 000 Birken säumen den Weg, der gleichzeitig als Lehrpfad Informationen über die Natur des Niederungsgebietes bereithält. Auch Radwandererenthusiasten brauchen keine Angst mehr zu haben, daß sie im morastigen Untergrund stecken bleiben. Eine Route führt von Lübbenau nach Lehde und Leipe bis nach Burg, wo unweit der Jugendherberge neuerdings ein Wanderstützpunkt mit 18 Bungalows Übernachtungsmöglichkeiten anbietet.

An der Vielzahl von Kajaks und Paddelbooten ist leicht zu erkennen, daß es auf dem

Besonders beliebt – Paddeltouren

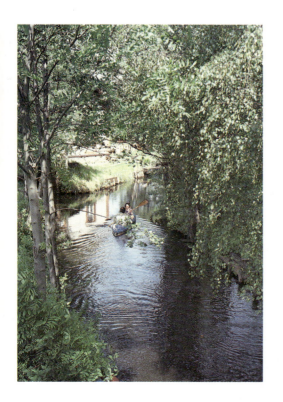

Wasser kein Monopol der Spreewaldkähne mehr gibt. Ausleihstationen für die kleineren Wassergefährten ermöglichen individuelle Streifzüge durch die nahezu 200 befahrbaren Fließe, wobei ausgeschilderte Routen das Orientierungsproblem lösen helfen. Unterwegs erleben die Freizeitkapitäne aus eigener Erfahrung, wie die einfach zu bedienenden Schleusen funktionieren. Zu den ältesten dieser Art im Spreewald gehört die sogenannte Rollschleuse, wie zum Beispiel die in der unmittelbaren Nähe der Wotschofska. Eine etwa 15 Meter lange Rollbahn, aus Hartholz bestehend, bringt die Meisterleistung fertig und transportiert einen Kahn in eine höhere bzw. umgekehrt, tiefere Fließgewässerhöhe. Jüngeren Datums sind die sogenannten Kammerschleusen, deren „Archen" mit einer lichten Breite von zwei Metern und einer lichten Länge von 10 Metern die Boote während des Schleusenvorgangs aufnehmen. Vorher muß jedoch einer das Wassergefährt verlassen und

die Hubtore durch Drehen eines Eisenrades in die richtige Stellung bringen, ebenso am Ende der Prozedur, um dann den Weg fortsetzen zu können. Meistens führt er an Leipe vorbei, einer Ortschaft, die mitten im Spreewald liegt und bis 1936 nur über die Spreefließe erreichbar war.

Der Ortsname leitet sich aus dem slawischen Wortschatz ab und bedeutet Linde. Nach dem Glauben der Leute stammt der Name aus einer sehr lange zurückliegenden Zeit, als auf einem der Gehöfte ein Knabe das Licht der Welt erblickte. Der stolze Vater entdeckte kurz darauf unter dem Ehebett einen Lindenbaumsproß und pflanzte diesen als gutes Zeichen auf dem Hof ein. Fortan konnte man an dem Baum erkennen, wie es dem heranwachsenden Jungen erging. Die

Linde blühte das erstemal, als der zum jungen Mann herangewachsene Knabe heiratete und insgesamt siebenmal, als sich Nachwuchs eingestellt hatte. Im reiferen Alter, mit den ersten grauen Haaren, begannen die ersten Äste abzusterben und gleichsam mit dem Tod des Bauern war es auch um den letzten grünen Zweig geschehen.

Nicht weit von Leipe, auf dem Weg nach Burg, kommt man sowohl auf dem Wasseral als auch auf dem Landweg an der Dubkowmühle vorbei. Bekannt ist sie nicht nur wegen des bereits erwähnten Wirts August Konzack. Neugierde wird auch dadurch erweckt, daß ein nicht kleinzukriegendes Gerücht behauptet, im Keller fristet an einer Holzkette ein zentnerschwerer Ochsenfrosch ein trauriges Dasein.

Rast an der Dubkowmühle

Etwa ein Kilometer von der Dubkowmühle entfernt beginnt bereits die Ortschaft Burg, die aus drei Ortsteilen besteht – dem alten Dorfkern Burg, welcher erstmals als Villa Borgk 1315 erwähnt wurde, sowie den Ortsteilen Burg-Kauper und Burg-Kolonie, die während der Siedlungsphase im 18. Jahrhundert entstanden. 1725 waren es in Burg-Kauper vor allem entlassene Militärs, vom Soldaten bis zum Unteroffizier, die die Urbarmachung der feuchten Niederungswälder in Angriff nahmen. Wenig später, unter Friedrich II., kam es zum Landesausbau in Burg-Kolonie, wobei Siedler aus südlich gelegenen Ländern, wie Sachsen und Böhmen, den Kampf mit den Naturgewalten aufnahmen. Sie brachten auch das Leinweberhandwerk mit. So entstand im Jahre 1770 eine Wäschebleiche. Auf diese alte Tradition weist der Name der Gaststätte „Zur Bleiche" hin.

Die eigentlichen Ursprünge von Burg sind jedoch etwa einen Kilometer nördlich des alten Dorfkerns zu suchen. Es handelt sich um den Schloßberg, auf dem zwischen 1915 und 1917 der Bismarckturm (29 Meter hoch) mit Aussichtsplattform errichtet wurde. Historische Spuren waren allerdings insbesondere in den Tiefen des Berges zu finden. Genauere Einblicke ermöglichten Grabungen, die man seit 1870 durchführte. Aus vielen Details ergab sich die Erkenntnis, daß es sich bei dem mehr als fünf Hektar großen, annähernd dreieckigen Schloßberg um eine Wallanlage aus der bronzezeitlichen Lausitzer Kultur handelt, die etwa 1000 Jahre vor Christus im Spreewaldgebiet verbreitet war.

Dubkowmühle, wo der Riesenfrosch im Keller sitzt

In seiner langen Geschichte wurde der Berg in späterer Zeit auch von slawischen Bewohnern genutzt. Die reiche wendische/sorbische Sagenwelt hält hierfür Schilderungen von einem König bereit, der an diesem Ort samt seiner Burg im Schloßberg versunken sein soll. Eine andere Legende erzählt von Zwergen, die hier als Lutken bekannt sind und die in den geheimnisvollen Tiefen der einstigen Wallanlage wohnen.

Nicht nur der Schloßberg bietet Reizvolles in Burg. Lohnenswert sind Spaziergänge durch den weiträumigen Ort mit den vielen Einzelgehöften und Brücken, oder auch „Bänke" genannt, die die Spreewaldfließe überspannen. Burg ist so groß, daß es sich sogar zwei Kahnfährhafen für die Touristen leisten kann. Eigentlich kommen ja noch die vielen kleinen Kahngässchen an den Einzelgehöften hinzu – vielleicht sollte doch einmal überprüft werden, ob Burg nicht als Ortschaft mit der größten Anzahl von Häfen Guinnessrekordverdächtig ist.

Spuren der Vergangenheit – Lausitzer Kultwagen

Zur Vorsaison im Spreewald

Bismarckturm in Burg

Entdeckungen am Rande des heutigen Spreewalds

■

Bieten Burg, Leipe und Lehde Ansichten aus dem inneren Bereich des Spreewalds, so halten die am Rande gelegenen, jedoch noch zum Niederlausitzer Naturparadies dazugehörigen Ortschaften, ebenso Interessantes für die Besucher bereit.

Lübbenau besitzt beispielsweise den größten Kahnfährhafen und ist somit für viele Besucher der Ausgangs- und Endpunkt für eine Fahrt durch das Flußlabyrinth. Doch sind es nicht nur Touristen, die es nach Lübbenau zieht. Alljährlich nehmen sieben Storchenpaare in der Stadt Quartier, um sich der Aufzucht ihres Nachwuchses zu widmen.

Einmal im Jahr ist die Stadt im Grünen auch Mittelpunkt des kulturellen Lebens, der für Einwohner und Touristen gleichermaßen Spaß, Freude und unvergleichliche Eindrücke bereithält. Während des Spreewaldfestes findet ein Kahnkorso statt, der für manche Über-

Klassizistisches Schloß in Lübbenau

Lübbenau mit der barocken Stadtkirc

Gräfliche Insignien am Eingangstor zum Schloß

Sumpfzypressen: ein Naturdenkmal

Sehenswert: Der Schloßpark

raschungen sorgt. Die Phantasie derjenigen, die die Schau vorbereiten, läßt sich an den vielen Einzelthemen erkennen –, ob Feuerwehr, verschiedene Handwerkerinnungen, Männerchor, Trachtengruppen, Dixielandband oder Präsentationen landwirtschaftlicher Produkte. Bewundernswert, was alles auf den Spreewaldkähnen Platz hat, man könnte auch meinen, eine Miniaturausgabe der rheinischen Karnevalsumzüge, zumindest deren Buntheit und Lebensfreude, vor sich zu haben, und das alles auf dem Wasser.

Der Besucher von Lübbenau sollte seine Schritte auch zum nahen Schloßbezirk lenken. Am schmiedeeisernen Tor ist noch das Wappen der Grafenfamilie Lynar zu sehen, die von 1621 bis 1945 in Lübbenau lebte und denen auch das imposante Schloß gehörte. Einst eine mittelalterliche Wasserburg, erlebte das Gebäude zweimal eine „Auffrischung". Um 1600 nahm es Formen im Stil der Renaissance an und zwischen 1817 und 1820 entstand unter Beteiligung von Karl Friedrich Schinkel eine klassizistische Zweiflügelanlage, die heute als Hotel genutzt wird. Zum Schloßbezirk gehört ein Landschaftspark, der etwa eine Größe von neun Hektar aufweist und durch künstliche Erdaufschüttung entstand. Das knappe Material wurde durch Abtragung einer früheren, nicht weit von Lübbenau entfernten Wallanlage gewonnen und mit Spreewaldkähnen herantransportiert.

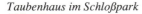
Taubenhaus im Schloßpark

Im Park befindet sich in der ehemaligen Orangerie und der gräflichen Kanzlei seit 1952 das Spreewaldmuseum. Star der Ausstellung ist eine Lokomotive mit Gepäckwagen, die als „Bimmelguste" von 1899 bis 1970 zwischen Lübben und Cottbus sowie von Byhlen nach Lieberose und von Straupitz nach Goyatz unterwegs war. Drei Jahre dauerte der Bau der Bahntrassen, wobei ein Schienennetz mit einer Spurbreite von 1 000 mm entstand. Unter Eisenbahnenthusiasten wurden die Bahnhofsgebäude entlang der Strecke oft als besonders gelungen eingestuft und in den Rang der schönsten ihrer Art aller deutschen Kleinbahnen gehoben.

Mit dem Streckennetz verband sich aber vor allem die Absicht, landwirtschaftliche Produkte schnell zur Hauptstrecke Berlin-Cottbus-Görlitz bringen zu können. Es funktionierte auch alles sehr gut bis vor etwa 30 Jahren, als man das Rentabilitätsproblem nicht mehr in den Griff bekam. Die Folge waren Streckenstillegungen, mit denen 1964 auf der Trasse Byhlen–Lieberose begonnen wurde und die schließlich am 3. Januar 1970 mit der letzten Fahrt der „Bimmelguste" auf der Strecke von Cottbus nach Straupitz endete. Aber vielleicht wird es eines Tages eine Neuauflage der Spreewaldbahn geben, auf

Wappen der Niederlausitz

Romantisches Hochzeitszimmer im Lübbenauer Schloßturm

gehobenerem technischem Niveau versteht sich, denn die Pension im Spreewaldmuseum sei der „Bimmelguste" gegönnt.

In dem nördlich gelegenen Lübben erwarten andere Kostbarkeiten aus verschiedenen Jahrhunderten die Besucher.

Unübersehbar ragt aus dem Stadtbild die Paul-Gerhard-Kirche heraus. Das Gotteshaus trägt seit 1931 den Namen dieses bedeutensten Seelsorgers, der in der Kirchengemeinde Lübben von 1669 bis 1679 tätig war. Berühmtheit erlangte Paul Gerhard durch volksnahe Kirchenlieddichtungen. Sein Name steht in einer Reihe mit denen von weiteren Persönlichkeiten seiner Zeit, die im Portal der Kirche und an den Kirchenfenstern dargestellt werden. Zu ihnen gehören Martin Luther, Philipp Melanchthon, Johann Sebastian Bach, Georg Friedrich Händel, Paul Fleming, Philipp Nicolai, Martin Rinckart und Johann Frank. Aber nicht nur die Kirche erinnert auf diese Weise an einen der bedeutendsten Kirchenlieddichter nach Luther, sondern ebenso ein vor dem Bauwerk aufgestelltes Denkmal, das anläßlich des 300. Geburtstages von Gerhard am 12. März 1907 enthüllt wurde. Es stellt den Geistlichen dar und macht mit einer Sockelinschrift auf das Schaffen und die Lebenshaltung von Gerhard aufmerksam:

„Dein Zion streut dir Palmen und grüne Zweige hin und ich will dir mit Psalmen ermuntern den Sinn"

Ähnliches geschieht auch im Erdgeschoß des nahegelegenen Schloßturmes: Ein Standesbeamter stiftet Freude durch das Schließen von Ehen in einem der romantischsten und schönsten Heiratszimmer Deutschlands. Den Hauptanteil der Anziehungskraft tragen zweifelsohne die Gewölbedecken, die mit pracht-

voller wendischer/sorbischer Schlangenmalerei verziert sind. Der Bekanntheitsgrad des Standesamtes ist dementsprechend groß und so nimmt es nicht Wunder, daß bereits jedes fünfte Brautpaar nicht aus Lübben oder der nächsten Umgebung stammt.

Der Schloßturm, noch bis in die siebziger Jahre hinein eine Bauruine, entstand erst durch das Engagement von Bürgern aus Lübben wieder in alter Schönheit. Hier befindet sich neben dem Hochzeitszimmer noch ein weiteres Kleinod. Ein dekorativer Wappensaal dokumentiert mit einer Vielzahl von Herrschafts- und Stadtemblemen den einstigen Umfang und die Größe der Niederlausitz. Faszinierend auch hier die Ausgestaltung durch eine bemalte Balkendecke, ein großes Wandgemälde und eine den Raum vergrößernde Galerie.

Lübben: Paul-Gerhard-Kirche mit Denkmal

Reste der Stadtbefestigungsanlage

Ein weiterer ästhetischer Genuß bietet sich beim Betrachten des Renaissancegiebels an der Ostseite des Schlosses, das Ende des 16. Jahrhunderts aus einer mittelalterlichen Burg entstand. Die einstige Bedeutung von Lübben als Verwaltungszentrum spiegelt sich in unmittelbarer Nähe des Schlosses auch am ehemaligen Ständehaus und am Oberamtshaus wider, wo jeweils Wappen der Niederlausitz zu erkennen sind. Dieses kleine Regierungsviertel war vor allem zu Zeiten der

Postmeilensäule im Lübbener Stadtzentrum

sächsischen Landesherrschaft, die bis 1815 dauerte, Mittelpunkt des städtischen Lebens. Emsiges Treiben muß besonders dann geherrscht haben, wenn sich die sächsischen Kurfürsten in ihrer Nebenresidenz, dem Schloß, aufhielten.

Nicht minder aktiv dürfte das Marktgeschehen gewesen sein, denn Lübben befand sich am bedeutenden „Meßweg", der von Leipzig nach Frankfurt an der Oder führte. Aus dieser Zeit stammt die historische Postsäule in der Fußgängerzone von Lübben.

Am östlichen Rand des Unterspreewaldes gelegen, ist Schlepzig ein Anziehungspunkt für alle diejenigen, die sich aus eigener Anschauung und eigenem Erleben ein Bild von dem früheren Leben auf dem Lande machen wollen. Gelegenheit dafür bietet das Bauernmuseum. Wer weiß heute noch, wie ein Butterfaß oder eine Tellerzentrifuge aussehen, geschweige denn funktionieren. Ebenfalls kaum bekannt dürfte der heimische Flachsanbau und die Verarbeitung dieses Rohstoffes bis zum Leinentuch sein. Alle dafür notwendigen Geräte, unter anderem die Spinnwirtel, sind hier zu besichtigen, darüber hinaus werden sie durch das Museumsperso-

Bauernmuseum in Schlepzig

nal zum Leben erweckt, wenn ihre Arbeitsweise zur Vorführung kommt. Ähnlich verhält es sich mit Arbeitsutensilien, die beim Fischfang, bei der Waldarbeit oder beim Brotbacken Verwendung fanden.

In einem funktionstüchtigen Backhaus wird regelmäßig Brot und Kuchen nach alter Tradition gebacken. Unter der Linde auf dem Museumshof schmecken anschließend die ofenfrischen Backwaren besonders gut. Nach dieser Stärkung können landwirtschaftliche Gerätschaften von deutlich größeren Dimensionen betrachtet werden, sei es ein Traktorveteran aus der Nachkriegszeit, Feldhäcksler, Mähbinder oder Schwadmäher.

Beim Rundgang durch das Dorf Schlepzig fällt besonders die schöne Fachwerkkirche auf. Weniger bekannt dürfte sein, daß früher die Gebäude im Ort auf Rasensteinblöcken ruhten. Dieser im Mittelalter in der Gegend reichlich vorhandene Rohstoff wurde in

Klassizistisches Wohn- und Geschäftshaus im Ort

einem Eisenhammer verarbeitet. Bereits im Jahre 1374 wird die Existenz einer derartigen Anlage durch eine Urkunde belegt, in der Kaiser Karl IV. einen Einwohner mit dem Eisenhammer belehnte.

Im Mittelpunkt der Niederlausitz stand Schlepzig am Ende des Dreißigjährigen Krieges (1618–1648), als sich die Landstände zu Ausschußsitzungen im Dorf trafen, um über die verheerenden Kriegsfolgen und die Beseitigung der Zerstörungen sowie den wirtschaftlichen Wiederaufbau zu beraten. Damals war Schlepzig – wie viele andere Orte des Spreewaldes – eine sichere Zufluchtsstätte, dank des an allen Seiten vorhandenen und schwer zugänglichen Niederungsgebietes. Die Entwässerungsarbeiten im Laufe der Jahrhunderte haben inzwischen das Bild verändert und so ragt das Dorf nur noch in seinem westlichen Rand in den Spreewald hinein.

Die gleiche Entwicklung läßt sich auch in Straupitz, an der nordöstlichen Begrenzung des Niederungsgebietes gelegen, beobachten. Wie weit der Abstand zu den Fließen des heutigen Spreewaldes in den letzten Jahrzehnten geworden ist, läßt sich an der teilweise zugeschütteten „Alten Straupitzer Kahnfahrt" erkennen. Mangelnde Pflege führten auch zum Verkrauten anderer Fließe in der näheren Umgebung. Angesichts dieser wenig erfreulichen Tatsachen und des siebenhundertjährigen Ortsjubiläums im Jahre 1994 ging jedoch ein Ruck durch die Gemeinde. Der Dornröschenschlaf des einstigen Kahnfährhafens und der „Alten Straupitzer Kahnfahrt" ist bald Geschichte und nicht nur das, sehenswerte historische Bauwerke sollen bis zum Geburtstag frisch hergestellt sein.

An erster Stelle erwähnt sei die nach Plänen von Karl Friedrich Schinkel erbaute Kirche, die mit ihren beiden vierzig Meter hohen Türmen weithin sichtbar ist. Der klassizistische Bau entstand von 1828 bis 1832 und

Blick nach Straupitz

LOBET DEN HERRN IN SEINEM HEILIGTHU
LOBET IHN IN DER VESTE SEINER MACH
ALLES, WAS ODEM HAT, LOBE DEN HER
HALLELUIA!
PSALM 150. V. 1 UND 6.

verkörpert seitdem das zu Stein gewordene Schinkelsche Konzept einer „Normalkirche". Von außen zur Zeit noch in einem reparaturbedürftigen Zustand, zeigt sich das Kircheninnere nach einer Rekonstruktion in den sechziger Jahren in einer schlichten Gestaltung, so daß fünf Altargemälde, geschaffen vom Dresdener Professor Matthäi, sofort ein Blickfang sind. Zu sehen sind Jesus, Paulus, Johannes, Petrus und Johannes der Täufer.

Historischen Wert besitzt ebenfalls das Schloß, einschließlich des zwölf Hektar großen Parks. Auf dem Anwesen wohnte seit 1655 die Familie von Houwald, die das zweigeschossige Gebäude zwischen 1796 und 1798 an Stelle einer mittelalterlichen Burg errichten ließ. Es gab viele berühmte Namen in diesem Geschlecht, von denen hier nur der Dichter Christoph Ernst von Houwald genannt sein soll. Ihm ist es zu verdanken, daß Schinkel den Auftrag zum Aufbau der Kirche erhielt und damit die Nachwelt ein weiteres Kunstwerk des bedeutenden Architekten.

Ein weniger bekannter Mann aus Straupitz soll in diesem Buch nicht unerwähnt bleiben. Magister Albin Moller, der von 1541 bis 1618 lebte, übertrug das Luthersche Gesangbuch und den kleinen Katechismus in die niedersorbische Sprache. Das Werk 1574 in Bautzen erschienen, ist zugleich das erste sorbisch/wendischsprachige Buch überhaupt.

Schlepzig hat, wie die wenigen Beispiele zeigen, allen Grund nicht nur das eine große Jubiläum des 700jährigen Bestehens zu feiern. Andere Sehenswürdigkeiten warten ebenfalls darauf, zum Anziehungspunkt für Einheimische und Gäste zu werden, so daß aus Visionen bald Wirklichkeit werden könnte. In der alten Holländermühle sind es Mahlsteine, die aus Samenkörnern wieder Leinöl quetschen können. Überlegungen für einen Bauernhof, in dem alte Handwerkertraditionen aufleben sollen, gibt es ebenfalls.

Schinkelsche Normalkirche

Begradigter Spreefließ

Bewahrung des Naturparadieses

In vergangenen Zeiten verfügte der Spreewald über eine größere Ausdehnung. Er begann früher einmal an dem riesigen Schwemmsandfächer nördlich von Cottbus und umfaßte Teile der Niederung, die durch den Malxefluß, einen östlichen Nebenfluß der Spree, durchflossen wird. Im Norden reichte das Spreewaldgebiet über den Nauendorfer See hinaus.

Insgesamt umfaßte der ursprüngliche Spreewald ein Territorium, das eine Länge von etwa 70 und eine Breite von 15 Kilometern aufwies. Im Laufe der Jahrhunderte schrumpfte es auf wenige Restbestände im Oberspreewald und Unterspreewald zusammen. Überall ist der Eingriff des Menschen zu erkennen – begradigte Spreeläufe, Eindeichungen, Fischteiche, Poldergebiete, Wehr- und Schleusenanlagen. In den übriggebliebenen naturbelassenen Rückzugsgebieten für Flora und Fauna ist der Mensch als Erholungsuchender unterwegs, um das zu finden,

was er zuvor durch eigene existentielle Gründe beseitigt hat. Von außen bedrohen den Spreewald Ungetüme mit großen Schornsteinen, die den Menschen Licht und Wärme bringen. Der Schwefeldioxidausstoß hat bewirkt, daß kaum noch eine Blattflechte in der Niederungslandschaft zu finden ist. Der Spreewald – befindet er sich im Überlebenskampf und wenn ja, mit wem? Mit sich selbst auf jeden Fall nicht. Wir sind es, die ihm zuviel zumuten und zuviel erwarten, so daß in Folge einer zu großen Last der Zusammenbruch unausweichlich scheint. Wie kann diese Last aber verringert werden? Auf diese Frage eine Antwort zu finden, ist schwierig, und wenn sie jemand wüßte, die Menschheit hätte keine ökologische Krise mehr.

Kleine und große Umweltsünden

Trockengelegte Flächen

Unnatürliches Betonkorsett

Künstliche Überschwemmungen zum Erhalt der Flora

Typische Tierarten bald nur noch im Glaskasten?

Vor Ort zeigen sich im Angesicht dieser Problematik zahlreiche Aktivitäten, hinter denen nicht selten ein großes Engagement Einzelner steht. Das wichtigste Projekt ist das des Biosphärenreservats. Begonnen hat es am 12. September 1990 und es umfaßt im Rahmen des UNESCO-Programms „Mensch und Biosphäre" sowohl Forschungen als auch praktische Maßnahmen, die auf ein harmonisches Nebeneinander von Natur und Mensch hinauslaufen. Mit der Größe des Biosphärenreservats von 47 850 Hektar sind fast die alten Ausmaße des Spreewalds erreicht, doch ihn wird es trotzdem nicht wieder geben. Geplant sind statt dessen neben Totalreservaten, die etwa 2 Prozent der Gesamtfläche aus-

machen, sogenannte Pufferzonen, in denen eine Bewirtschaftung nach Gesichtspunkten des Naturschutzes erfolgt. Weiterhin ist vorgesehen, Zonen der harmonischen Kulturlandschaft zu entwickeln. Hier besteht das Ziel darin, eine der Landschaft angepaßte Bewirtschaftung, die Naturerfordernisse und Belange des Menschen gleichermaßen in Einklang bringt, zu erreichen.

Erfreulich ist die Ausweisung von Regenerierungszonen, die solchen Gebieten, wie die für die Rinderzucht entwässerten Polder, eine „rückschrittliche" Perspektive zubilligen. Die Natur hat in den Regenerierungszonen also wieder eine Zukunft, wenn auch unter dem Regime des Menschen.

Verstehen lernen und schützen ... im Interesse der Natur und des Menschen

Reihengestaltung und Layout:
R.O.S.//ERFURT
Kartografie:
Kümmerly + Frey
Titelfoto:
Im Spreewald
Foto Innentitel:
Kahnfährhafen in Lübbenau
Redaktionsschluß:
August 1992
Gesamtherstellung:
Druckhaus Erfurt
Verlag und Druckerei Fortschritt Erfurt GmbH

ISBN 3-7352-0272-1
© 1992 by Greifenverlag GmbH
D–O–6820 Rudolstadt/CH–5264 Gipf-Oberfrick